T0207750

essentials

essentials liefern aktuelles Wissen in konzentrierter Form. Die Essenz dessen, worauf es als „State-of-the-Art" in der gegenwärtigen Fachdiskussion oder in der Praxis ankommt. *essentials* informieren schnell, unkompliziert und verständlich

- als Einführung in ein aktuelles Thema aus Ihrem Fachgebiet
- als Einstieg in ein für Sie noch unbekanntes Themenfeld
- als Einblick, um zum Thema mitreden zu können

Die Bücher in elektronischer und gedruckter Form bringen das Fachwissen von Springerautor*innen kompakt zur Darstellung. Sie sind besonders für die Nutzung als eBook auf Tablet-PCs, eBook-Readern und Smartphones geeignet. *essentials* sind Wissensbausteine aus den Wirtschafts-, Sozial- und Geisteswissenschaften, aus Technik und Naturwissenschaften sowie aus Medizin, Psychologie und Gesundheitsberufen. Von renommierten Autor*innen aller Springer-Verlagsmarken.

Johanna Bath · Yorck-Richard Drost ·
Hansjörg Klein

Guerilla Innovationsmanagement

Was Innovationsmanager von
Guerilla Marketing lernen können

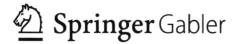

Johanna Bath
Stuttgart, Deutschland

Yorck-Richard Drost
Park Falls, WI, USA

Hansjörg Klein
Aichwald, Deutschland

ISSN 2197-6708   ISSN 2197-6716   (electronic)
essentials
ISBN 978-3-658-41733-8   ISBN 978-3-658-41734-5   (eBook)
https://doi.org/10.1007/978-3-658-41734-5

Die Deutsche Nationalbibliothek verzeichnet diese Publikation in der Deutschen Nationalbibliografie; detaillierte bibliografische Daten sind im Internet über https://portal.dnb.de abrufbar.

Planung/Lektorat: Stefanie Winter
Springer Gabler ist ein Imprint der eingetragenen Gesellschaft Springer Fachmedien Wiesbaden GmbH und ist ein Teil von Springer Nature.
Die Anschrift der Gesellschaft ist: Abraham-Lincoln-Str. 46, 65189 Wiesbaden, Germany

Was Sie in diesem *essential* finden können

- Eine Analyse aktueller Methoden des Innovationsmanagements.
- Eine Einführung in das Guerilla Marketing.
- Eine systematische Zusammenführung von Innovationsmanagement und Guerilla Marketing zur neuen Innovationsmethode Guerilla Innovationsmanagement.
- Eine Beschreibung zur Durchführung und Einsatzweise von Guerilla Innovationsmanagement.
- Eine Übersicht der Werkzeuge des Guerilla Innovationsmanagements.

Inhaltsverzeichnis

Inhaltsverzeichnis

Einleitung

Unternehmen sehen sich heute mit einem immer stärker zunehmenden Wettbewerb konfrontiert. Um sich von seinen Marktbegleitern absetzen und so überlebensfähig bleiben zu können, ist ein Faktor heute wichtiger denn je: Innovationen (Disselkamp 2013). In den letzten Jahrzehnten wurden unterschiedliche Methoden entwickelt, um innovativ zu sein. Beispiele hierfür sind die Lean Startup Methode oder die Blue Ocean Strategy. Eine Vielzahl praktischer Umsetzungen zeigt, wie Unternehmen mit solchen Werkzeugen innerhalb kürzester Zeit Branchen revolutionierten und die Marktführerschaft an sich rissen. Dem gegenüber stehen ebenso viele Beispiele von Unternehmen wie Kodak. Beispiele, welche aufzeigen, wie Marktführer zugrunde gehen können, wenn sie nicht in der Lage sind, schnell genug auf neue Trends zu reagieren (Schlautmann 2012).

Während sich an vielen Stellen noch hartnäckig die Behauptung hält, dass große Ressourcen eine Voraussetzung für disruptive Innovationen darstellen, beweisen viele Unternehmen das Gegenteil (Gassmann et al. 2021, S. 22). Moderne Methoden des Innovationsmanagements setzen auf einen gezielten Einsatz von Ressourcen. Gleichzeitig sind sie agil, schnell und unkonventionell.

Effizienz, Agilität und bestehende Konventionen karikieren. Das sind Eigenschaften, welche sich auch außerhalb des Innovationsmanagements in einer weiteren Wissenschaft wiederfinden: dem Guerilla Marketing. Und auch hier gibt es unzählige Beispiele an Unternehmen, die durch eine einzige ausgefallene Guerilla Marketing Aktion sämtliche Wettbewerber hinter sich lassen konnten. An dieser Stelle stellt sich daher die Frage: inwieweit können Lehren des Guerilla Marketings genutzt werden, um disruptive Innovationen zu schaffen?

Auf den ersten Blick scheinen die Disziplinen Innovationsmanagement und Marketing nicht viel miteinander gemein zu haben. Dabei gibt es viele Gegebenheiten aus dem Marketing, die Innovationen positiv beeinflussen. Ein Beispiel

J. Bath et al., *Guerilla Innovationsmanagement*, essentials, https://doi.org/10.1007/978-3-658-41734-5_1

hierfür stellt die Implementierung von FastWorks bei General Electric dar. Fast-Works basiert auf der Lean Startup Methode, welche im Unternehmen von Chief Marketing Officer Beth Comstock vorangetrieben wurde. Indem Comstock sowohl für Innovationen als auch Marketing zuständig war, hatte sie stets das richtige Gespür für die Bedürfnisse des Marktes. Das Ergebnis war ein durchschlagender Erfolg (Colvin 2016, S. 119).

Das Ziel dieser wissenschaftlichen Arbeit besteht darin, aus den aktuellen Methoden des Innovationsmanagements und des Guerilla Marketings eine neue Methode zu erschaffen, mithilfe derer disruptive Innovationen kreiert werden können. Eine Methode, die sich durch Schnelligkeit, Agilität und Effizienz auszeichnet und gleichzeitig unkonventionell ist. Diese Methode wird Guerilla Innovationsmanagement genannt.

Innovationsmanagement 2

Als Innovation wird die Umwandlung neuer Kenntnisse in neue Produkte, Prozesse oder Dienstleistungen und deren kommerzielle Verwendung bezeichnet (Johnson et al. 2017, S. 317 f.). Sie wird als disruptiv bezeichnet, wenn sie es mit geringen Mitteln schafft, Kundenbedürfnisse zu befriedigen, die bislang von keinem etablierten Marktteilnehmer bedient wurden (Christensen et al. 2020, S. 41). In den letzten Dekaden wurden im Bereich des Innovationsmanagements eine Vielzahl neuer Methoden entwickelt, deren Wirksamkeit in der Praxis mehrfach unter Beweis gestellt wurde. In diesem Kapitel werden einige dieser Methoden vorgestellt.

2.1 Design Thinking

Bei Design Thinking handelt es sich um einen hochiterativen Prozess aus sechs verflochtenen Phasen. Das Ziel besteht darin, durch innovative Lösungen neue Produkte oder Dienstleistungen zu kreieren. Dieser Prozess wurde insbesondere an der Stanford Universität im Silicon Valley und am Hasso-Plattner-Institut in Potsdam entwickelt (Plattner et al. 2011).

Neben dem korrekten Umgang mit dem Prozess sind ebenfalls die Zusammensetzung der Teilnehmenden und ihr Mindset entscheidend (Nicolai und Rhinow 2019). Auf diese Erfolgsfaktoren wird im Laufe des Kapitels spezifisch eingegangen.

2.1.1 Der Design Thinking Prozess

Charakteristisch für den Design Thinking Prozess sind insbesondere seine sechs Phasen. Diese sind zu einer Hälfte dem Problemraum und zur anderen Hälfte dem Lösungsraum zuzuordnen. Zudem besteht über die verschiedenen Phasen hinweg ein Zusammenspiel aus divergierendem und konvergierendem Denken.

Problemraum und Lösungsraum

Im Gegensatz zu vielen anderen Methoden und Konzepten fokussiert sich Design Thinking nicht allein auf das Erarbeiten von Lösungen. Der Analyse von Problemen wird ebenso eine zentrale Rolle zugeschrieben. Die Umfänge der Aktivitäten, die diesen Bereichen zugeordnet werden, werden als Problemraum und Lösungsraum bezeichnet. Der Problemraum umfasst die Phasen „Verstehen", „Beobachten" und „Sichtweise definieren". Hierbei besteht das Ziel darin, mittels sorgfältiger Beobachtung das eigentliche Problem zu erkennen. Dem folgen die Phasen des Lösungsraums „Ideen finden", „Prototypen entwickeln" und „Testen". Dabei werden unterschiedliche Lösungen erarbeitet und untersucht (Plattner et al. 2011, S. 4 ff.).

Divergierendes und konvergierendes Denken

Design Thinking zeichnet sich ebenfalls durch ein Zusammenspiel aus divergierendem und konvergierendem Denken aus. Dies betrifft sowohl den Problemraum als auch den Lösungsraum. Beide Räume beginnen mit Phasen divergenten Denkens, in denen mehrere Informationen gesammelt und unterschiedliche Ideen generiert werden. Anschließend werden diese in Phasen konvergenten Denkens synchronisiert und konkretisiert (Plattner et al. 2011, S. 5). Metaphorisch wird vom doppelten Diamanten gesprochen, der das Zusammenspiel aus Problemraum, Lösungsraum, divergierendem und konvergierendem Denken darstellt (siehe Abb. 2.1).

Verstehen (Phase 1)

In der ersten Phase des Design Thinking Prozesses geht es darum, eine Problemstellung zu definieren und zu verstehen. Anders formuliert wird der Problemraum abgesteckt (HPI Academy, kein Datum). Eine gute Hilfe stellen hier die sechs „W-Fragen" („Wer?", „Warum?", „Was?", „Wann?", „Wo?", „Wie?") dar (Lewrick et al. 2018, S. 40).

Beobachten (Phase 2)

Die nächste Phase zielt auf das Verstehen konkreter Kundenbedürfnisse ab (HPI Academy, kein Datum). Hierzu versetzt man sich in die Lage potenzieller Kunden

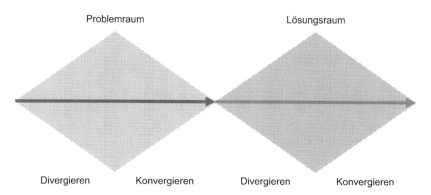

Abb. 2.1 Doppelter Diamant

oder tritt mit ihnen direkt in Kontakt. Dabei ist es ratsam, die Erkenntnisse für spätere Phasen sorgfältig und visuell ansprechend zu dokumentieren (Lewrick et al. 2018, S. 41).

Sichtweise definieren (Phase 3)
In dieser Phase konvergierenden Denkens werden die Erkenntnisse beider vorausgehender Phasen zusammengetragen und konkrete Sichtweisen definiert. Diese sollen allen Beteiligten ein gemeinsames Problemverständnis bieten und eine Grundlage für das Erarbeiten von Lösungen schaffen (Lewrick et al. 2018, S. 41).

Ideen finden (Phase 4)
Die Ideenfindungsphase eröffnet den Lösungsraum und zielt darauf ab, möglichst viele Konzepte für potenzielle Lösungen zu erstellen. Diese werden anschließend in der Gruppe diskutiert und priorisiert (Lewrick et al. 2018, S. 42).

Prototypen entwickeln (Phase 5)
Diese Phase dient der Erstellung von Prototypen basierend auf den Ideen der vorausgehenden Phase (Lewrick et al. 2018, S. 43). Die Prototypen dienen in erster Linie dazu, Kundenfeedback zu generieren. Indem eine zu detaillierte Fertigstellung vermieden wird, erfolgt die Durchführung schnell und zugleich kostengünstig.

Testen (Phase 6)
In der letzten Phase werden die Prototypen verwendet, um Tests mit potenziellen Kunden durchzuführen und so Feedback zu generieren. Anhand dieser

Informationen gilt es, bestehende Hypothesen und Konzepte zu reflektieren. Diese Erkenntnisse dienen als Grundlage weiterer Iterationsschritte des gesamten Prozesses (Lewrick et al. 2018, S. 43).

2.1.2 Erfolgsfaktoren für Design Thinking

Bei Design Thinking handelt es sich nicht um einen starren Prozess. Design Thinking lebt insbesondere durch eine einzigartige Denk- und Herangehensweise. Anhand unterschiedlicher Quellen werden Erfolgsfaktoren benannt.

- Kreative Raumgestaltung
- Offene Gesprächskultur
- Blick auf den Menschen
- Cross-funktionale Teams
- Fähige Coaches
- Mut zum Scheitern
- Kreative Ideenfindungsmethoden

2.1.3 Praktische Umsetzung von Design Thinking

Design Thinking ist ein agiler Prozess mit vielen Freiheiten. Entsprechend interessant ist die Frage, wie eine praktische Umsetzung hier aussieht. Einen guten Einblick gewähren Nicolai und Rhinow in einer Episode des Wissenspodcasts des Hasso-Plattner-Instituts. Laut ihnen ist das Design Thinking Mindset prinzipiell immer und für alle geeignet. Die praktische Umsetzung von Design Thinking erklären Nicolai und Rhinow (2019) anhand der „3 Ps": People, Place und Process.

People
Unter dem Aspekt People fallen sämtliche personenbezogenen Aspekte, die für Design Thinking relevant sind. Hierunter fallen unter anderem die bereits erwähnten Erfolgsfaktoren, wie eine offene Gesprächskultur oder eine heterogene Gruppe (Nicolai und Rhinow 2019).

Place
Von zentraler Bedeutung ist ebenfalls der Raum, in dem Design Thinking stattfindet. Dieser sollte offen genug sein, um eine lebendige Kommunikation zwischen

den einzelnen Teilnehmenden zu ermöglichen. Auch sollten ausreichend Materialien vorliegen, um gestalterisch aktiv werden zu können. Zudem sollte der Raum über geeignete Möglichkeiten verfügen, Ideen visuell darstellen zu können (bspw. Flipcharts oder leere Wände). Gleichzeitig sollte darauf Acht gegeben werden, dass der Raum nicht visuell überladen wird (Nicolai und Rhinow 2019).

Process
Für den Design Thinking Prozess sind Iterationen elementar. Bis das Endprodukt fertiggestellt wird, wurden alle sechs Aktivitäten mehrfach durchlaufen. Als üblichen Umfang beschreiben Nicolai und Rhinow (2019) vier Schleifen über einen Zeitraum von drei bis sechs Monaten.

- Zu Beginn erfolgt eine „Fast Forward"-Schleife über einen Zeitraum von ein bis zwei Tagen. Diese hilft den Teilnehmenden, sich mit dem Team und dem Prozess vertraut zu machen und schnelle Erfolge zu erzielen.
- Die nächste Phase zieht sich üblicherweise über mehrere Wochen, in denen insbesondere Inspirationen zur Ideen- und Konzeptfindung gesammelt werden. Hierzu sollten drei bis fünf Ideen zur Verfügung stehen.
- In der nächsten Phase werden die Ideen weiter konkretisiert und es findet ein vertiefter Austausch mit potenziellen Kunden statt. Hier sollten nur noch ein bis drei Ideen verfolgt werden.
- Die anschließende Phase beschäftigt sich dann überwiegend mit der Gestaltung von Geschäftsmodellen und der Markteinführung.

Hierbei handelt es sich um übliche Anwendungsfälle des Design Thinking Prozesses. Die Anzahl an Schleifen und deren Kernaspekte können je nach Anwendungsfall stark variieren.

Fazit

Design Thinking bietet ein holistisches Konzept für die Entwicklung neuer Produkte und Dienstleistungen. Den Teilnehmenden werden viele Freiheiten gegeben, gleichzeitig ist es jedoch von elementarer Bedeutung, die Vorgaben des Prozesses einzuhalten. Entscheidend für Design Thinking ist das Zusammenspiel eines kreativen und offenen Mindsets der Teilnehmenden, einer kreativen Raumgestaltung und seines iterativen Prozesses.

2.2   Blue Ocean Strategy

Bei der Blue Ocean Strategy handelt es sich um eine Methode zur Erschließung neuer, bislang unbesetzter Marktsegmente. Auf diese Weise entfällt die
Notwendigkeit, mit Marktbegleitern auf bestehenden Märkten um Marktanteile
zu kämpfen (Kim und Mauborgne 2005).

Die Blue Ocean Strategy wurde erstmalig 1997 als „Value Innovation" entwickelt und 2004 zur „Blue Ocean Strategy" umbenannt (Carton 2020, S. 1420).
Seither wurde sie mehrfach erfolgreich angewandt. Ein prominentes Beispiel ist
das Unternehmen Netflix. Mithilfe der Blue Ocean Strategy führte das Unternehmen eine Transformation von einem klassischen DVD-Verleih zum ersten
Streaming-Anbieter für Filme und Serien durch (Mayka 2020). Heute gilt Netflix
als Weltmarktführer für Streaming-Dienste (Theobald 2021).

Die Blue Ocean Strategy umfasst eine Reihe an Werkzeugen, um die eigene
Marktposition zu analysieren und um neue Märkte zu erschließen.

2.2.1   Rote und blaue Ozeane

Bei der Blue Ocean Strategy wird metaphorisch von blauen Ozeanen und roten
Ozeanen gesprochen. Rote Ozeane bilden das Spektrum bereits erschlossener
Marktsegmente. Durch zunehmenden Wettbewerb sind Marktteilnehmer gezwungen um Marktanteile zu kämpfen, wodurch der Ozean seine blutige Färbung
erhält. Blaue Ozeane hingegen bilden das Spektrum unerschlossener Marktsegmente. Das Ziel besteht darin, blaue Ozeane zu kreieren und rote Ozeane zu
verlassen. Märkte ohne Wettbewerb bieten großes Wachstumspotenzial (Kim und
Mauborgne 2005, S. 4 f.).

2.2.2   Strategy Canvas

Ein zentrales Element der Blue Ocean Strategy bildet das Strategy Canvas
(Kim und Mauborgne 2005, S. 25 ff.). Auf diesem werden verschiedene Teilaspekte gelistet und durch eine Kennlinie dargestellt, welche Wichtigkeit ihnen
zugeschrieben wird. Bei korrekter Anwendung bietet es eine Übersicht über
die Marktpositionierung der eigenen Organisation. Besonders interessant wird
es, wenn die Kennkurven von Wettbewerbern ins Diagramm mitaufgenom-
men werden. Auf diese Weise können strategische Analogien, Differenzen und
insbesondere Handlungsmöglichkeiten aufgezeigt werden.

Durch das Hinzufügen neuer Teilaspekte in das Strategy Canvas können Möglichkeiten herausgestellt werden, sich vom Wettbewerb abzusetzen. Auf diese Weise können blaue Ozeane kreiert werden.

2.2.3 Four Actions Framework und das Eliminate-Reduce-Raise-Create Grid

Im vorausgehenden Abschnitt wurde beschrieben, wie durch das Verschieben von Kurven und dem Hinzufügen neuer Teilaspekte auf dem Strategy Canvas blaue Ozeane kreiert werden können. Als Hilfe hierfür dienen das Four Actions Framework und das Eliminate-Reduce-Raise-Create Grid.

Beim Four Actions Framework stehen vier Fragen im Vordergrund (Kim und Mauborgne 2005, S. 29):

- Welche Faktoren, die in der Branche als selbstverständlich betrachtet werden, sollen entfernt werden?
- Welche Faktoren sollen deutlich unter den Standard der Branche reduziert werden?
- Welche Faktoren sollen über den Standard der Industrie hinaus erhöht werden?
- Welche Faktoren, welche die Branche noch nicht anbietet, sollen geschaffen werden?

Mittels des Four Actions Frameworks wird die aktuelle Positionierung des Unternehmens innerhalb der Branche ersichtlich. Zudem können strategische Möglichkeiten, sich vom Wettbewerb abzusetzen, aufgezeigt werden.

Das Eliminate-Reduce-Raise-Create Grid geht noch einen Schritt weiter. Aufbauend auf dem Four Actions Framework werden zu allen vier Kernaspekten Maßnahmen definiert, um die Marktpositionierung des Unternehmens verbessern zu können (Kim und Mauborgne 2005, S. 35).

2.2.4   Pioneer-Migrator-Settler Map

Mittels der Pioneer-Migrator-Settler Map werden die Geschäftsfelder eines Unternehmens in Abhängigkeit ihres Wachstumspotenzials und der Zeit eingeteilt (Kim und Mauborgne 2005, S. 96 ff.).

- Pioneers sind Geschäftsfelder mit hohem Wachstumspotenzial und gelten als blaue Ozeane. Hierbei handelt es sich um disruptive Innovationen.
- Migrators sind Geschäftsfelder mit geringerem Wachstumspotenzial als Pioneers. Diese umfassen überwiegend Verbesserungen bisheriger Produkte oder Dienstleistungen und stellen keine grundlegenden Innovationen dar.
- Settlers sind Geschäftsfelder ohne Wachstumspotenzial. Sie sind in bereits umkämpften Märkten angesiedelt, welche als rote Ozeane bezeichnet werden können.

Um nachhaltiges Wachstum gewährleisten zu können, sollte ein Unternehmen darauf achten, zukünftig über ausreichend Pioneers zu verfügen. Gleichzeitig sollten auch Migrators und Settlers Teil der Strategie sein. Hierbei handelt es sich um Geschäftsfelder mit geringerem Risiko, welche die Basis eines soliden Grundumsatzes darstellen.

2.2.5   Ansätze zur Umgestaltung von Marktgrenzen

Die Essenz der Blue Ocean Strategy besteht darin, bestehende Marktkonventionen zu brechen und neue Marktsegmente zu erschließen. Anhand bestehender Beispiele wurde analysiert, ob sich bestimmte Muster erkennen lassen. Hierbei konnten sechs Ansätze beobachtet werden (Kim und Mauborgne 2005, S. 47 ff.).

- Die Betrachtung alternativer Branchen.
- Die Betrachtung strategischer Gruppierungen innerhalb der eigenen Branche.
- Die Betrachtung der Käuferkette.
- Die Betrachtung komplementärer Güter und Dienstleistungen.
- Die Betrachtung funktionaler und emotionaler Bedürfnisse von Käufern.
- Die Betrachtung von Veränderungen in Abhängigkeit der Zeit.

2.2.6 Die Sequenz der Blue Ocean Strategy

Die Sequenz der Blue Ocean Strategy beschreibt eine Vorgehensweise, um eine Idee zu kreieren, die einen blauen Ozean darstellt. Hierbei handelt es sich um einen Prozess mit mehreren Teiliterationen. Erst, wenn die Kernfrage eines Schrittes beantwortet werden kann, wird der nächste Schritt mit der nächsten Kernfrage eingeleitet. Die Sequenz umfasst vier Schritte: Kundennutzen, Preis, Kosten und Adaption (Kim und Mauborgne 2005, S. 117 ff.).

Zu Beginn stellt sich die Frage nach dem Kundennutzen. Es muss klar ersichtlich sein, welchen Mehrwert das Produkt für den Kunden darstellt. Als nächstes ist die Preisgestaltung zu betrachten. Der Kunde muss das Produkt mit einem adäquaten Wert bemessen, wodurch Umsätze generiert werden können. Dem folgt eine Betrachtung der Kosten des Geschäftsmodells. Diese müssen langfristig einen Gewinn gewährleisten. Zu guter Letzt ist die Implementierung des Geschäftsmodells mit all seinen potenziellen Herausforderungen zu betrachten.

Fazit

Die Blue Ocean Strategy bietet eine Methodik mit vielen Werkzeugen zur Erschließung neuer, bisher ungenutzter Marktsegmente mit einem hohen Wachstumspotenzial. Viele Beispiele bestätigen die Fähigkeit dieses Instruments, disruptive Innovationen zu kreieren. Der Fokus liegt hier weniger auf der Produktentwicklung an sich, sondern auf der strategischen Markterschließung.

2.3 Business Model Innovation

In den letzten Jahrzehnten gab es eine Vielzahl an Großunternehmen wie AEG oder Brockhaus, welche innerhalb kürzester Zeit gänzlich von der Bildfläche verschwanden. Gleichzeitig gibt es ebenso viele Beispiele an Unternehmen wie Airbnb und Netflix, die über Nacht die Marktführerschaft an sich rissen. Was unterscheidet die Gewinner, die oftmals noch kaum ihre Gründungsphase hinter sich haben, von etablierten Konzernen, welche über Jahrzehnte ihre Technologie und ihre Prozesse perfektionierten? Die Antwort ist nicht selten Business Model Innovation, die Entwicklung innovativer Geschäftsmodelle (Gassmann et al. 2021, S. 5 ff.).

Geschäftsmodelle weisen neben Produkten und Prozessen noch eine weitere Dimension für Innovationen auf. Der St. Gallen Business Model Navigator benennt mit über 55 innovativen Geschäftsmodellen eine Vielzahl an Beispielen und beschreibt eine Herangehensweise für die Umgestaltung des Geschäftsmodells der eigenen Organisation. Zudem bietet das Business Model Canvas eine gute Möglichkeit, Geschäftsmodelle zu visualisieren.

2.3.1 St. Gallen Business Model Navigator

Basierend auf langjährige Forschungen entwickelte die Universität St. Gallen den Business Model Navigator, eine Methodik zur Gestaltung neuer Geschäftsmodelle. Hierbei bilden das magische Dreieck und die 55+ Geschäftsmodellinnovationen zentrale Elemente eines 4-Stufen-Prozesses (Gassmann et al. 2021, S. 30 ff.).

Das magische Dreieck
Voraussetzung für Geschäftsmodellinnovationen ist die Kenntnis über das eigene Geschäftsmodell. Ebenso muss das neue Geschäftsmodell in einer verständlichen Form dargestellt werden können. Hierfür entwickelte die Universität St. Gallen das magische Dreieck, ein Modell mit den vier Dimensionen „Wer", „Was", „Wie" und „Wert", (Gassmann et al. 2021, S. 8 f.).

- Wer: Im Zentrum jedes Geschäftsmodells steht immer der Kunde. Hierfür muss bekannt sein, welche Kundensegmente angesprochen werden sollen.
- Was: Es muss eine genaue Kenntnis darüber bestehen, welche Produkte und Dienstleistungen Kunden angeboten werden und welchen Mehrwert sie generieren.
- Wie: Um Produkte herzustellen oder Dienstleistungen zu erbringen muss bekannt sein, durch welche Ressourcen und Prozesse sie geschaffen werden.
- Wert: Jedes funktionierende Geschäftsmodell muss finanziell nachhaltig operieren. Dies setzt eine genaue Kenntnis über die Einkommensströme und über die Kostenstruktur voraus.

Das magische Dreieck stellt eine ganzheitliche Beschreibung von Geschäftsmodellen dar, obwohl es verglichen mit anderen Werkzeugen wie dem Business Model Canvas simpel gehalten ist. Der Vorteil einer vereinfachten Darstellung besteht darin, dass sie die wichtigsten Kernaspekte übersichtlich darstellt und so präzisere Diskussionen ermöglicht. Eine Geschäftsmodellinnovation liegt vor, sofern zwei oder mehr Dimensionen geändert werden (Gassmann et al. 2021, S. 8 ff.).

Die 55+ Geschäftsmodellinnovationen
Die 55+ Geschäftsmodelle stellen eine Übersicht innovativer Geschäftsmodelle dar. Mittlerweile werden hierunter 60 Beispiele aufgeführt, die im Werk „Geschäftsmodelle entwickeln" ausführlich beschrieben werden. Sie sollen als Inspiration dienen und dabei helfen, Ideen für die Umgestaltung eigener Geschäftsmodelle zu finden (Gassmann et al. 2021, S. 105 ff.). Eine anschauliche Auflistung bietet zudem die Datenbank des BMI Labs (BMI Lab, kein Datum).

Die Umsetzung des Business Model Navigators
Der Business Model Navigator beschreibt einen 4-Stufen-Prozess zur Umgestaltung von Geschäftsmodellen. (Gassmann et al. 2021, S. 30 f.).

- Initiierung: Zu Beginn wird das eigene Geschäftsmodell analysiert. Das zentrale Element bildet hierbei das magische Dreieck. Zusätzlich werden externe Faktoren betrachtet, mit denen das Unternehmen interagiert (Gassmann et al. S. 31 ff.).
- Ideenfindung: Aufbauend auf der Analyse im Rahmen der Initiierung wird mithilfe der 55+ Geschäftsmodellinnovationen untersucht, wie sich ein neues Geschäftsmodell gestalten könnte (Gassmann et al. 2021, S. 48 f.).
- Integration: Anhand der generierten Ideen wird mithilfe des magischen Dreiecks ein konsistentes Geschäftsmodell kreiert. Zudem wird untersucht, ob das Unternehmen mit dem neuen Geschäftsmodell mit seiner Umwelt im Einklang steht (Gassmann et al. 2021, S. 60).
- Implementierung: Der letzte Schritt beinhaltet die Umsetzung des neuen Geschäftsmodells. Es empfiehlt sich, das Geschäftsmodell im kleinen Rahmen mithilfe von Tests zu untersuchen. Aufbauend auf den neuen Erkenntnissen sollen im Rahmen eines iterativen Prozesses Anpassungen am Geschäftsmodell erfolgen (Gassmann et al. 2021, S. 65 ff.).

2.3.2 Business Model Canvas

Mittels des Business Model Canvas können Geschäftsmodelle detailliert dargestellt werden. Mit neun Bausteinen werden die wichtigsten Bereiche eines Unternehmens abgedeckt. Diese Übersicht ermöglicht weiterführende Analysen und zeigt Stärken und Schwächen eines Geschäftsmodells auf (Osterwalder und Pigneur 2011, S. 19). Nachfolgend werden die einzelnen Bausteine beschrieben.

- Kundensegmente (Customer Segments): Jedes Unternehmen lebt von seinen Kunden, die Produkte oder Dienstleistungen in Anspruch nehmen. In diesem Baustein werden die zu bedienenden Kunden in Segmente unterteilt und beschrieben (Osterwalder und Pigneur 2011, S. 24 f.).
- Wertangebote (Value Propositions): In diesem Baustein werden die Produkte und Dienstleistungen sowie der Mehrwert, den sie generieren, beschrieben (Osterwalder und Pigneur 2011, S. 26 ff.).
- Kanäle (Channels): Mit diesem Baustein wird beschrieben, wie die Kundensegmente auf das Wertangebot aufmerksam werden, wie sie es erwerben können und wie es ihnen zugestellt wird (Osterwalder und Pigneur 2011, S. 30 f.).
- Kundenbeziehungen (Customer Relationships): Hier wird beschrieben, welche Art von Beziehung zu den Kundensegmenten aufgebaut werden soll und von welcher Relevanz sie für das Geschäftsmodell ist (Osterwalder und Pigneur 2011, S. 32 f.).
- Einnahmequellen (Revenue Streams): Mit diesem Baustein wird beschrieben, wie und durch welche Preismechanismen Einnahmen generiert werden (Osterwalder und Pigneur 2011, S. 34 ff.).
- Schlüsselressourcen (Key Resources): Jedes Unternehmen benötigt Ressourcen, um Produkte und Dienstleistungen herzustellen und diese zu vertreiben. Hierbei kann es sich um finanzielle Ressourcen, Know-how, Anlagegüter oder Grundstücke handeln (Osterwalder und Pigneur 2011, S. 38 f.).
- Schlüsselaktivitäten (Key Activities): Dieser Baustein beschreibt, welche operativen Tätigkeiten für das Geschäftsmodell notwendig sind (Osterwalder und Pigneur 2011, S. 40 f.).
- Schlüsselpartnerschaften (Key Partners): In fast allen Fällen sind Unternehmen auf Lieferanten und Partner angewiesen, um ihr Geschäftsmodell aufrecht erhalten zu können (Osterwalder und Pigneur 2011, S. 42 f.).
- Kostenstruktur (Cost Structure): Im letzten Baustein wird die Kostenstruktur des Geschäftsmodells dargestellt (Osterwalder und Pigneur 2011, S. 44 f.).

Fazit

Eine Vielzahl an Beispielen hat bewiesen, dass die Entwicklung innovativer Geschäftsmodelle enormes Wachstum generieren kann. Gleichzeitig gibt es viele Beispiele an Unternehmen, die Zugrunde gegangen sind, da sie ihr Geschäftsmodell nicht rechtzeitig an Änderungen ihrer Umwelt angepasst haben. Leider schenken die meisten Unternehmen der Entwicklung innovativer Geschäftsmodelle bislang nur wenig Aufmerksamkeit (Gassmann et al. 2021, S. 13). Dabei bieten der Business Model Navigator sowie das Business Model Canvas viele Beispiele und Werkzeuge, um Geschäftsmodelle zu entwickeln.

2.4 Lean Startup

Die Lean Startup Methode wurde von Silicon Valley Entrepreneur Eric Ries entwickelt und basiert auf der erfolgreichen Gründung des Unternehmens IMVU, die er als Mitbegründer begleitet hat. Sie vereint Elemente aus Kundenentwicklung, Lean Manufacturing, Designorientierung und agiler Softwareentwicklung (Ries 2017, S. 11 f.).

Als Startup wird hier nicht ausschließlich ein Unternehmen in der Gründungsphase, sondern „eine menschliche Institution, die ein neues Produkt oder eine neue Dienstleistung in einem Umfeld extremer Ungewissheit entwickelt", bezeichnet (Ries 2017, S. 33). Hierunter fallen auch Gruppen in größeren, etablierten Unternehmen.

2.4.1 Die Bauen-Messen-Lernen-Feedbackschleife

Die Bauen-Messen-Lernen-Feedbackschleife bildet das zentrale Element von Lean Startup. Der Grundgedanke dieses iterativen Prozesses besteht darin, dass fortwährend ein Produkt erstellt wird und anschließend die Erkenntnisse hieraus genutzt werden, um bestehende Annahmen zu überprüfen und ggf. Korrekturen einzuleiten. Um eine schnelle Entwicklung des Startups zu gewährleisten, besteht das Ziel darin, diesen Prozess möglichst schnell zu durchlaufen (Ries 2017, S. 73 ff.).

Den Beginn eines Zyklus bildet die Ideenfindung, anhand derer ein Prototyp gebaut wird, welcher als minimal funktionsfähiges Produkt (MFP) bezeichnet wird. Mithilfe des MFP wird anschließend in der Messen-Phase untersucht, ob die implementierten Neuerungen den gewünschten Erfolg brachten oder gar kontraproduktiv waren. Diese Daten ermöglichen anschließend Lernprozesse, mit denen neue Untersuchungen oder Kurskorrekturen durchgeführt werden.

2.4.2   Nutzen- und Wachstumshypothese

Die Geschäftsmodelle sämtlicher Startups basieren zu Beginn auf Annahmen. Als die beiden wichtigsten bezeichnet Ries (2017, S. 74) die Nutzen- und die Wachstumshypothese. Um einen langfristigen Erfolg gewährleisten zu können, müssen diese beiden Hypothesen verifiziert werden. Sollten sich die Annahmen nicht als richtig herausstellen, sind Korrekturen einzuleiten.

Hinter der Nutzenhypothese verbirgt sich die Annahme, dass ein Produkt dem Kunden einen Mehrwert bietet. Bei der Wachstumshypothese gilt zu untersuchen, inwieweit Neukunden gewonnen werden können. Beide Hypothesen sind experimentell zu untersuchen (Ries 2017, S. 61).

Beispiel: Nutzen- und Wachstumshypothese bei Facebook

Ein anschauliches Beispiel für die Nutzen- und Wachstumshypothese stellt Facebook dar. Obwohl zu Beginn nur geringe Einnahmen generiert wurden, verfügte das Startup bereits über einen großen Nutzen und ein enormes Wachstum. Ein Großteil der Benutzer besuchte die Seite täglich, während sich die Anzahl an Mitgliedern innerhalb kürzester Zeit vervielfachte. Dieser Umstand ermöglichte es den Gründern, Investoren zu gewinnen (Ries 2017, S. 77).◄

2.4.3   Minimal funktionsfähiges Produkt

Ein MFP dient dazu, Feedback von Kunden zu generieren und bestehende Hypothesen zu untersuchen (Ries 2017, S. 88). Hierbei sollen bewusst wichtige Merkmale oder Funktionen weggelassen werden, welche für die finale Produktversion essenziell sind. Indem der Aufwand zur Erstellung des MFP minimal gehalten wird, können Ressourcen gespart und gleichzeitig die Durchlaufzeit der Bauen-Messen-Lernen-Feedbackschleife verringert werden (Ries 2017, S. 74 f.).

Ries listet ebenfalls diverse Beispiele von MFPs auf. Diese weisen zumeist technische Mängel oder eingeschränkte Funktionalitäten auf. Ein Umstand, der für Early Adopters jedoch oftmals irrelevant ist. Mithilfe dieser Kunden können Daten für die folgenden Lernprozesse generiert werden (Ries 2017, S. 88 ff.).

2.4.4 Innovationsbilanz

Mithilfe von Bilanzen kann der operative Erfolg eines Unternehmens oder einer Initiative untersucht werden. Klassische Bilanzen sind jedoch kaum dafür geeignet, den Status von Neuentwicklungen zu beurteilen. Abhilfe schafft hier die Innovationsbilanz. Sie gibt Aufschluss darüber, ob eine Produktänderung zu Erfolg geführt hat und umfasst drei Schritte (Ries 2017, S. 105 ff.).

1. Einführung eines MFP
2. Feinabstimmung des Wachstumsmotors
3. Kursreflektion

Für die Innovationsbilanz gilt es, Metriken zu entwickeln. Hierfür werden diverse Werkzeuge wie bspw. die Kohortenanalyse beschrieben. Ebenso werden unterschiedliche Optionen für Kurskorrekturen aufgelistet.

2.4.5 Kurskorrektur

Als wichtigstes Element innerhalb der Bauen-Messen-Lernen-Feedbackschleife bezeichnet Ries die Kurskorrektur. Diese stellt eine strategische Änderung dar, sollten sich die Nutzen- oder Wachstumshypothese als falsch erweisen (Ries 2017, S. 75). Hierfür werden unterschiedliche Möglichkeiten aufgelistet (Ries 2017, S. 152 ff.).

- Zoom-in-Korrektur: Der Fokus wird auf einen einzelnen Teil des gesamten Produkts gelegt.
- Zoom-out-Korrektur: Das bisherige Produkt wird als Teil eines neuen Gesamtpakets betrachtet.
- Kundensegmentkorrektur: Es wird ein anderes Kundensegment bedient als ursprünglich angedacht.
- Kundenbedarfskorrektur: Es wird erkannt, dass der Kunde eine Lösung für ein anderes Problem benötigt als ursprünglich angedacht.
- Plattformkorrektur: Eine Applikation wird in eine Plattform umgewandelt oder umgekehrt.
- Korrektur der Geschäftsarchitektur: Umwandlung der Geschäftsarchitektur von einem zum anderen System nach Geoffrey Moore (entweder hohe Margen und niedriges Volumen oder niedrige Margen und hohes Volumen).

- Wertschöpfungskorrektur: Das Unternehmen ändert den Wertschöpfungsprozess des Produkts oder seine Rolle an diesem.
- Korrektur des Wachstumsmotors: Die Art, wie ein Unternehmen wächst, wird geändert.
- Absatzwegkorrektur: Es findet eine Korrektur des Absatzweges eines Produkts vom Produzenten bis zum Endkunden statt.
- Technologiekorrektur: Das Problem des Kunden wird mit einer anderen Technologie gelöst.

2.4.6   Strukturmerkmale erfolgreicher Startup-Teams

Laut Ries gibt es Strukturmerkmale, welche Voraussetzungen für erfolgreiche Startup-Teams sind. Diese Merkmale sind eher bei kleinen Unternehmen gegeben. Indem sich größere Unternehmen von diesen entfernen, verlieren sie ihre Innovationskraft. Nachfolgend werden diese aufgelistet (Ries 2017, S. 219 ff.).

- Knappe, aber sichere Ressourcen: Startups arbeiten überwiegend mit begrenzten finanziellen Ressourcen und sind somit gezwungen, diese intelligent einzusetzen. Gleichzeitig sind diese in der Regel unantastbar, wodurch Planungssicherheit gewährleistet wird.
- Handlungsbefugnis, das Geschäftsmodell zu entwickeln: Startups müssen eigenständig agieren können. Genehmigungsprozesse für Experimente bremsen die Bauen-Messen-Lernen-Feedbackschleife aus. Diese Befugnis schließt ebenfalls die Markteinführung von Produkten oder Dienstleistungen ein.
- Persönliches Interesse am Ergebnis: Persönliches Interesse am Erfolg ist von zentraler Bedeutung für Innovationen. Ries schreibt neben transaktionalen Führungsinstrumenten insbesondere der Reputation einen hohen Stellenwert zu. So soll stets ersichtlich sein, wer der Urheber einer Innovation ist.

2.4.7   Weitere Werkzeuge

Lean Startup nutzt einige weitere Werkzeuge, die nachfolgend beschrieben werden. Bei manchen handelt es sich um bereits etablierte Werkzeuge, andere wurden speziell adaptiert.

Kanban für Arbeitsaufgaben

Das Kanban stammt aus der Lean Manufacturing und dient dazu, einen kontinuierlichen Materialfluss zu gewährleisten. Lean Startup nutzt dieses Instrument, um einen kontinuierlichen Fluss an Entwicklungen zu gewährleisten (Ries 2017, S. 124). Jede Entwicklung muss vier Spalten durchlaufen. Zu Beginn befinden sich noch nicht umgesetzte Ideen im Backlog. Dem folgen die Bearbeitung, die technische Fertigstellung und anschließend die Validierung. Erst, wenn validiert wurde, ob eine Entwicklung einen Mehrwert liefert, gilt sie als abgeschlossen (Ries 2017, S. 124 f.).

Eine grundlegende Regel besteht darin, dass sich eine Spalte nur mit einer festgeschriebenen Anzahl an Ideen füllen darf. Dies gewährleistet eine kontinuierliche Bearbeitung bestehender Entwicklungen. Gleichzeitig wird sichergestellt, dass alle Entwicklungen sämtliche Phasen durchlaufen und sie nicht bereits als abgeschlossen gelten, wenn die technische Funktion umgesetzt ist (Ries 2017, S. 125 f.).

Split-Run-Tests

Der auch als „A-B-Test" bekannte Split-Run-Test stammt aus dem Direktmarketing. Hierbei werden Kunden mindestens zwei Varianten eines Produktes angeboten. Auf diese Weise kann untersucht werden, welche Auswirkung das Ändern eines Produktmerkmals hat (Ries 2017, S. 123 f.).

Kohortenanalyse

Als eines der wichtigsten Werkzeuge eines Startups wird die Kohortenanalyse beschrieben. Abhängig ihres Verhaltens im Umgang mit dem Produkt werden Kunden in Gruppen eingeteilt, sogenannten Kohorten. Kriterien für die einzelnen Kohorten sind bspw. wie oft Kunden das Produkt nutzen oder wie es um ihre Kaufbereitschaft steht. Indem kontinuierlich Daten gesammelt werden, ist es möglich, Entwicklungen dieser Kohorten in Abhängigkeit der Zeit zu analysieren (Ries 2017, S. 111 ff.).

Fazit

Lean Startup beschreibt einen iterativen Prozess, um effizient und agil Produkte oder Dienstleistungen zu entwickeln. Charakteristisch an dieser Methode ist, dass Kunden möglichst schnell ein MFP angeboten wird, welches durchaus Mängel aufweisen kann. Die Erfahrungen aus dieser Einführung gilt es sorgfältig zu analysieren. Basierend auf diesen Erkenntnissen werden zum Teil drastische Korrekturen an grundlegenden Elementen wie Strategie oder Geschäftsmodell vorgenommen. Eine Vielzahl an erfolgreichen Implementierungen bestätigt die Effektivität dieser Methode.

Guerilla Marketing 3

In den 1960er Jahren forschten amerikanische Marketing-Professoren nach einer neuen Methode für erfolgreiches Marketing, für die Kreativität, Unkonventionalität und Flexibilität entscheidender als finanzielle Ressourcen und Marktmacht sind. Inspiriert durch die erfolgreiche Guerilla Taktiken der Vietcong nannten sie diese Methode Guerilla Marketing (Toedter 2006, S. 13). Seither wurde das Guerilla Marketing fortwährend weiterentwickelt und systematisiert.

Das Gebiet des Guerilla Marketings ist eine umfangreiche Wissenschaft, zu der hinsichtlich vieler Aspekte unterschiedliche Interpretationen vorliegen. Daher beschäftigt sich dieses Kapitel vorwiegend mit Definitionen und Ausführungen, welche für das Kernthema dieser Arbeit (schnell, unkompliziert und agil innovieren zu können) relevant sind. Ebenso werden nur Erscheinungsformen in der Kommunikationspolitik beschrieben, da diese den Großteil des Guerilla Marketings bilden (Nufer 2013, S. 2).

3.1 Erklärung des „Guerilla" Begriffs

Der Begriff „Guerilla Marketing" setzt sich aus den Wörtern „Guerilla" und „Marketing" zusammen. Während das Wort „Marketing" für sich selbsterklärend ist, bedarf der Begriff „Guerilla" eine genauere Erläuterung. Das Wort stammt vom spanischen Wort „guerilla" ab, welches „kleiner Krieg" bedeutet (Toedter 2006, S. 11). Hier wird bewusst Referenz zu den Militärwissenschaften genommen, in denen auch die Guerilla-Kriegsführung beschrieben wird. Die US Army beschreibt diese als offensive Kampfhandlungen militärischer oder paramilitärischer Gruppierungen mit dem Ziel, den Feind in seiner Kampfstärke oder seinen Ressourcen zu schwächen oder ihn zu demoralisieren (Department of the Army 2009, S. 8).

J. Bath et al., *Guerilla Innovationsmanagement*, essentials, https://doi.org/10.1007/978-3-658-41734-5_3

3.2   Definition und Kategorisierung

„Das Dumme ist nur, dass so viele unter diesem Namen etwas anderes verstehen."
(Patalas 2006, S. 10).
Sucht man nach einer Definition von Guerilla Marketing, so erkennt man
schnell den Wahrheitsgehalt Patalas Worte. Da der Begriff Guerilla Marketing in
unterschiedlicher Weise interpretiert wird, liegen auch verschiedene Definitionen
vor (Kanbach 2007, S. 27). Gemeinsamkeiten bestehen jedoch bei den Eigenschaften, die mit Guerilla Marketing assoziiert werden. Schulte (2007, S. 17)
fasst einige dieser Eigenschaften aus diversen Definitionen zusammen.

- Unkonventionell
- Originell/kreativ
- Kostengünstig/effektiv
- Ungewöhnlich/untypisch
- Spektakulär
- Überraschend
- Frech/provokativ
- Flexibel
- Witzig
- Ansteckend

Aufbauend auf diesen Eigenschaften führt Schulte (2007, S. 20) eine Kategorisierung des Guerilla Marketings in drei eigenständige Kategorien durch.

- Low Budget Guerilla Marketing: Einsatz überwiegend durch kleine Unterneh-
  men.
- New Media Guerilla Marketing: Verwendung neuartiger Medien (bspw. virales
  Marketing).
- Out of Home Guerilla Marketing: Überraschendes und in den Alltag integrier-
  tes Marketing (bspw. Ambient Marketing oder Ambush Marketing).

Diese Einteilung weist allerdings Schwachstellen auf. So wird Marketing mit
geringem Kapitaleinsatz (Low Budget Guerilla Marketing) getrennt von übrigen
Guerilla Marketing Disziplinen eingeteilt, wobei es auch unter diesen viele erfolgreiche Beispiele für kostengünstige Aktionen gibt. So konnte beispielsweise das
Unternehmen Dollar Shave Club mit einem Budget von gerade einmal 4500 US\$
ein Video produzieren, welches sich innerhalb kurzer Zeit viral verbreitet hat.
Dieses Video steigerte die Bekanntheit des Unternehmens enorm und bereits nach

vier Jahren war es mehr als eine Milliarde US-Dollar wert (Prokopets 2021). Eben diese Aspekte werden bei einer Einteilung nach Nufer (2013) berücksichtigt. In dieser wird das Low Budget Guerilla Marketing nicht losgelöst, sondern als Erweiterung aller Guerilla Marketing Disziplinen darstellt.

3.2.1 Infection Guerilla Marketing

Das Infection Guerilla Marketing umfasst Virales Marketing und Mobiltelefonmarketing (Nufer 2013, S. 3). Durch die Verbreitung des Internets und des Smartphones ist diese Form mittlerweile sehr präsent.

Beim Viralen Marketing wird Werbung durch Konsumenten an weitere Konsumenten virusartig weiterverbreitet. Beispielhaft sind hier amüsante Bilder oder Videos, die in sozialen Medien geteilt werden. Mobiltelefonmarketing umfasst Marketingaktionen unter Zuhilfenahme von Mobiltelefonen, wie bspw. das Versenden von Textnachrichten. Ein Beispiel für Infection Guerilla Marketing ist das bereits erwähnte Video von Dollar Shave Club, welches sich in kurzer Zeit viral verbreitet hat.

3.2.2 Surprise Guerilla Marketing

Die beiden Formen Ambient Marketing und Sensation Marketing bilden die Gruppe des Surprise Guerilla Marketings. Beim Ambient Marketing wird Werbung auf kreative Weise in den Alltag von Konsumenten platziert. Hierdurch wird sie eher als interessant als störend empfunden. Das Sensation Marketing ist dem Ambient Marketing sehr ähnlich. Der wesentliche Unterschied besteht jedoch darin, dass es sich um einmalige und nicht wiederholbare Aktionen (bspw. ein Flashmob) handelt (Nufer 2013, S. 4).

Beispiel: Pommes-Zebrastreifen

Ein Beispiel für Surprise Guerilla Marketing stammt von McDonald's. So lies das Fastfood-Unternehmen die Zebrastreifen eines Fußgängerüberwegs gelb färben und durch die Abbildung einer charakteristischen Verpackung für Pommes ergänzen.◄

3.2.3 Ambush Marketing

Ambush Marketing gilt als die aggressivste Form des Guerilla Marketings (Kanbach 2007, S. 36). Der Begriff „Ambush" stammt aus dem Englischen und bedeutet „Hinterhalt". Unter dieser Form des Marketings versteht man Werbemaßnahmen im Rahmen einer Großveranstaltung, ohne selbst Veranstalter oder offizieller Sponsor zu sein (Kanbach 2007, S. 54). Besonders verbreitet ist dieses Phänomen im Bereich des Sportsponsorings, wie beispielsweise bei der Fußball Weltmeisterschaft oder den Olympischen Spielen.

Beispiel: Flugzeuge mit Fußballnasen

Während der Fußball Weltmeisterschaft 2006 in Deutschland trat Ambush Marketing in unterschiedlichen Ausprägungen in Erscheinung. Lufthansa bspw. verzierte ihre Flugzeuge mit einer Fußballnase. So wurde eine eindeutige Referenz zum sportlichen Großereignis geschaffen, obwohl die Lufthansa anders als ihr Konkurrent Emirates Airline kein offizieller Sponsor war.◄

Beim Ambush Marketing handelt es sich um eine umstrittene Form des Guerilla Marketings. Während es von vielen als eine äußerst kreative Form des Marketings angesehen wird, wird es von anderen als „Schmarotzer-, bzw. Parasiten-Marketing" bezeichnet. Grund hierfür ist, dass sich die Aktionen nicht selten in rechtlichen Grauzonen abspielen, als unethisch betrachtet werden können und Schaden für Stakeholder (bspw. Sponsoren und Gesponserte) anrichten (Toedter 2006, S. 34 f.).

3.2.4 Low Budget Guerilla Marketing

Low Budget Guerilla Marketing wird oftmals als Guerilla Marketing für kleine und mittlere Unternehmen bezeichnet, die für Marketing vergleichsweise geringe finanzielle Ressourcen aufwenden können. Hier spielen insbesondere Effizienz und Kreativität eine zentrale Rolle (Schulte 2007, S. 108). Wie bereits beschrieben, lassen sich unter allen übrigen Formen des Guerilla Marketings Beispiele für kostengünstiges Marketing finden. Den größten Beitrag zum Low Budget Guerilla Marketing liefert Levinson (2011, S. 24), der Guerilla Marketing generell als kostengünstige Variante des Marketings betrachtet.

3.3 Einsatzweise von Guerilla Marketing

In der Kriegsführung werden Guerilla Aktionen nicht substitutiv, sondern unterstützend zu konventionellen Operationen eingesetzt (Department of the Army 2009, S. 8). Nicht anders verhält es sich mit Guerilla Marketing. Es soll stets ein Teil eines ausgewogenen Marketingmix sein und konventionelles Marketing nicht ersetzen. Auf diese Weise kann es flexibel, kostengünstig und überraschend bleiben (Toedter 2006, S. 21).

3.4 Guerilla Marketing Werkzeuge

Betrachtet man konkrete Werkzeuge des Guerilla Marketings so fällt auf, dass es sich hierbei oftmals um konventionelle Marketingmethoden handelt. Für Guerilla Marketing ist der kreative Einsatz dieser entscheidend (Levinson 2016, S. 80). Levinson führt eine umfangreiche Auflistung an Methoden auf. Zudem schildert er einige Ratschläge, mit denen Guerilla Marketing kostengünstig umgesetzt werden kann.

3.4.1 Guerilla-Marketingwaffen

In seinem Buch „Guerilla Marketing Bibel" führt Levinson „200 Guerilla-Marketingwaffen" auf. Levinson (2016, S. 77 ff.) ruft dazu auf, mit den einzelnen „Waffen" zu experimentieren und die individuell passenden Kombinationen zu finden. Zudem führt er eine Unterteilung durch.

- Maxi-Medien
- Mini-Medien
- E-Medien
- Info-Medien
- Menschliche Medien
- Nichtmedien
- Unternehmenseigenschaften
- Unternehmensstandpunkte

3.4.2   Ratschläge für kostengünstiges Marketing

Levinson (2011, S. 95 ff.) widmet in seinem Buch „Guerilla Marketing Bibel"
dem kostengünstigen Einsatz von Marketingmethoden ein ganzes Kapitel. Nachfolgend werden die einzelnen Ratschläge aufgeführt.

- Eine Kampagne beibehalten: Die Durchführung neuer Marketingkampagnen
  stellt einen wesentlichen Kostentreiber dar. Erst, wenn eine Kampagne keinen
  Erfolg mehr erzielt, sollte sie geändert werden.
- Bartergeschäfte: Oftmals können Produkte oder Dienstleistungen im Tausch
  gegen andere Produkte oder Dienstleistungen erworben werden, welche einem
  deutlich kleineren Gegenwert entsprechen.
- Fragebögen: Hierdurch können sehr wertvolle Informationen von Konsumen-
  ten erworben werden.
- Wiederverwendung: Durch die Wiederverwendung von bereits vorliegendem
  Werbematerial können weitere Kosten gesenkt werden.
- Erst probieren, dann investieren: Bevor eine große Werbekampagne umgesetzt
  wird, empfiehlt es sich, diese im kleinen Rahmen zu testen.

Zusammenfassend merkt Levinson (2011, S. 108) an, was er unter dem effizienten
Einsatz von Mitteln versteht: „Für Guerillas bedeutet Wirtschaftlichkeit nicht,
Geld zu sparen, sondern kein Geld zu verschwenden.".

Fazit

Levinson beschreibt Guerilla Marketing als Marketingmethode, um auf unkonventionelle Art und Weise konventionelle Ziele zu erreichen (Schulte 2007,
S. 16). Eine umfassende Auflistung von grundlegenden Instrumenten bieten
seine 200 Guerilla-Marketingwaffen. Entscheidend ist hier der kreative Einsatz
der Werbeträger, durch den sich eine Marketingaktion erst einer der Formen
des Guerilla Marketings zuordnen lässt.
   Guerilla Marketing ist unkonventionell, kreativ und kundennah. Das sind
Eigenschaften, die für erfolgreiches Innovationsmanagement nicht weniger
entscheidend sind. Mit seinen grundlegenden Eigenschaften, Anwendungsfor-
men und konkreten Instrumenten könnte es bestehendes Innovationsmanagement bereichern.

Die Kombination: Guerilla Innovationsmanagement

4

Nachdem diverse Methoden des Innovationsmanagements und das Guerilla Marketing untersucht wurden, wird ein Konzept für Guerilla Innovationsmanagement erstellt. Dem folgt eine Definition des Guerilla Innovationsmanagements und eine Betrachtung, wie dieses in Abhängigkeit zu bestehenden Innovationsprozessen einzusetzen ist. Anschließend werden ein Prozess zur Durchführung und eine Reihe an spezifischen Werkzeugen für diese Methode beschrieben.

4.1 Definition

Um Guerilla Innovationsmanagement schnell und präzise zu beschreiben, wird eine Definition formuliert. Die einzelnen in der Definition enthaltenen Teilaspekte werden in diesem Kapitel näher beschrieben.

▶ **Definition** Guerilla Innovationsmanagement ist eine Methode, um schnell und agil disruptive Innovationen voranzutreiben. Hierbei werden Methoden des Innovationsmanagements durch Elemente des Guerilla Marketings sinnvoll ergänzt. Es wird unterstützend zu anderen Innovationsmethoden eingesetzt.

4.2 Einsatzweise

Guerilla Innovationsmanagement besitzt den Anspruch, agil und unkonventionell zu sein. Gleichzeitig bestehen oftmals hohe Ansprüche an die Resultate bestehender Innovationsprozesse. Es ist schwierig, diese breite Palette an Anforderungen mit einem allgemeingültigen Konzept zu bedienen.

© Der/die Autor(en), exklusiv lizenziert an Springer Fachmedien Wiesbaden GmbH, ein Teil von Springer Nature 2023
J. Bath et al., *Guerilla Innovationsmanagement*, essentials,
https://doi.org/10.1007/978-3-658-41734-5_4

Abhilfe schafft hier eine Betrachtung des Einsatzes von Guerilla Marketing. Dieses wird nicht substitutiv, sondern unterstützend zu konventionellen Marketingmethoden eingesetzt. Auf diese Weise kann es originell, ausgefallen und unkonventionell bleiben. Diese Herangehensweise wird ebenfalls für Guerilla Innovationsmanagement festgelegt. Indem dieses begleitend zu bestehenden Innovationsprozessen eingesetzt wird, besitzt es volle Entfaltungsmöglichkeiten. Gleichzeitig wird die Systematik langfristiger Innovationsprozesse nicht gefährdet und es können für Guerilla Innovationsmanagement äußerst unkonventionelle Methoden zugelassen werden.

4.3   Ziele

In der Definition wurde beschrieben, dass Guerilla Innovationsmanagement dazu dient, schnell und agil disruptive Innovationen voranzutreiben. Für eine weitere Gestaltung ist es jedoch notwendig, die Ziele des Guerilla Innovationsmanagements genauer zu spezifizieren. Diese werden in Abb. 4.1 aufgelistet.

4.3.1   Innovative Ideen finden

Die Betrachtung der Innovationsmanagementmethoden hat unter anderem ergeben, dass bereits eine Vielzahl an Prozessen und Möglichkeiten besteht, vorhandene Ideen systematisch umzusetzen. Oftmals besteht die Problematik allerdings darin, diese Ideen überhaupt zu finden.

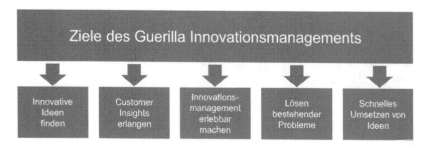

Abb. 4.1   Ziele des Guerilla Innovationsmanagements

4.3.2 Customer Insights erlangen

Ein Verständnis über das Bedürfnis des Kunden ist essenziell für eine erfolgreiche Innovation. Insbesondere auf diesem Gebiet kann von Marketingmethoden profitiert werden.

4.3.3 Innovationsmanagement erlebbar machen

In vielen Organisationen werden Innovationen nur von einer kleinen Gruppe isoliert durchgeführt. Personen außerhalb dieser Gruppe besitzen keine Möglichkeit, sich an Innovationen zu beteiligen. Zudem besteht der Fokus meist nur auf Produkt-, jedoch nicht auf Prozess- und Geschäftsmodellinnovationen. Guerilla Innovationsmanagement soll helfen, Innovationsmanagement für alle Mitarbeitenden einer Organisation, aber auch für externe Partner wie Kunden und Lieferanten, erlebbar zu machen. Dies ermöglicht ebenfalls, die Vorteile multidisziplinärer Teams voll auszuschöpfen.

4.3.4 Lösen bestehender Probleme

Oftmals treten in Unternehmen unerwartet Probleme auf, die das operative Geschäft beeinträchtigen und sich unzureichend mit bestehenden Prozessen lösen lassen. Unkonventionelle und kreative Ansätze sollen helfen, diese Probleme zu lösen.

4.3.5 Schnelles Umsetzen von Ideen

Während laufender Entwicklungsprojekte geraten einzelne Akteure oder Teams gelegentlich in Situationen, in welchen sie festzustecken scheinen. Guerilla Innovationsmanagement soll helfen, schnell Lösungen zu finden, um aus diesen Situationen auszubrechen und wieder die gewohnte Planung fortführen zu können.

4.4   Vorbereitungen

John Rambo gilt als der bekannteste Guerillakämpfer der Filmgeschichte. Charakteristisch für seine Filme ist unter anderem eines: vor seinen finalen Kämpfen investiert er viel Zeit und Sorgfalt in die Präparation von Fallen und Waffen. Erst dadurch gelingt es ihm, blitzschnell und überraschend zu agieren und so im Alleingang ganze Spezialeinheiten auszuschalten (Stallone 2008). Dieser Grundsatz kann ebenfalls dem Guerilla Innovationsmanagement zugrunde gelegt werden. Im Vordergrund stehen zwar schnelle und unkonventionelle Innovationen, dennoch trägt eine sorgfältige Vorbereitung fördernd dazu bei, diese zu ermöglichen. Dieser Umstand wird ebenfalls im Zusammenhang mit Guerilla Marketing beschrieben. So setzt der Erfolg einer Guerilla Marketing Aktion stets eine gewissenhafte Planung voraus (Patalas 2006, S. 75).

Als Beispiel kann die Verwendung des Business Model Canvas genannt werden. Dieses kann sorgfältig ohne direkten Zusammenhang zu einer Innovation angefertigt werden. Die Visualisierung bestehender Gegebenheiten kann anschließend helfen, Ideen für neue Innovationen zu erlangen oder diese effizienter umzusetzen.

4.5   Operationen

Für das Guerilla Innovationsmanagement wurden fünf Ziele definiert. Um diese zu erreichen sind Aktionen notwendig, die als Operationen bezeichnet werden. Abhängig vom jeweiligen Ziel ist eine unterschiedliche Herangehensweise erforderlich. Während das „Finden innovativer Ideen" oder das „Erlangen von Customer Insights" zu einem beliebigen Zeitpunkt erfolgen können, setzen das „Lösen bestehender Probleme" oder das „schnelle Umsetzen von Ideen" ein Ereignis voraus. Aus diesem Grund erfolgt eine Unterteilung in zyklische Operationen und azyklische Operationen (siehe Abb. 4.2). Zyklische Operationen erfolgen in festen Zeitintervallen, azyklische Operationen hingegen bei Bedarf. Das Ziel „Innovationsmanagement erlebbar machen" kann sowohl den zyklischen als auch den azyklischen Operationen zugeordnet werden.

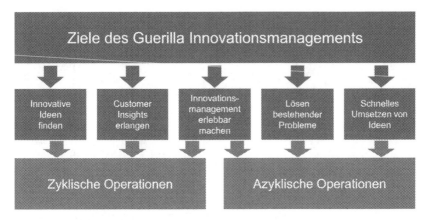

Abb. 4.2 Zyklische und azyklische Operationen

4.5.1 Zyklische Operationen

Zyklische Operationen werden überwiegend verwendet, um Informationen zu erlangen. Hierzu werden Werkzeuge wie bspw. das Business Model Canvas verwendet, welche bestehende Gegebenheiten darstellen und neue Möglichkeiten aufweisen. Anhand dieser Informationen werden neue Ideen gewonnen oder Kundenbedürfnisse analysiert. Da sich bestimmte Gegebenheiten oder Erkenntnisse ändern können, sollen diese Operationen in regelmäßigen Abständen durchgeführt werden.

Abhängig vom Unternehmen können die Zusammenstellung der Gruppen und die Wiederholungsfrequenz variieren. Dies gilt es individuell zu ermitteln. Die Ergebnisse von zyklischen Operationen sollten allen Mitarbeitenden des eigenen Unternehmens zur Verfügung gestellt werden. Auf diese Weise können azyklische von zyklischen Operationen profitieren.

4.5.2 Azyklische Operationen

Azyklische Operationen zielen auf die schnelle und zielgerichtete Umsetzung von Ideen und das Lösen bestehender Probleme ab. Sie werden bei Bedarf von Guerilla Einheiten durchgeführt. Die Durchführung erfolgt nach einem Prozess und unterliegt diversen Rahmenbedingungen.

Rahmenbedingungen für azyklische Operationen
Im Rahmen von azyklischen Operationen sollen die Teilnehmenden, die eine Guerilla Einheit bilden, über ein großes Maß an Freiheiten verfügen. Damit dies gleichzeitig in einer geordneten und zielgerichteten Form stattfindet, werden Regeln für die Durchführung azyklischer Operationen formuliert. Diese gehen aus Erfolgsfaktoren diverser Methoden des Innovationsmanagements hervor.

- Selbstständige Führung: Hierdurch wird nicht nur gewährleistet, dass Entscheidungen schnell gefällt werden oder dass eine Umsetzung zügig erfolgt. Es ist zudem ersichtlich, wer die Urheber einer Innovation sind. Lean Startup propagiert dies als wichtiges Strukturmerkmal erfolgreicher Startups (Ries 2017, S. 220 f.).
- Freie Verfügung über Ressourcen: Zu Beginn einer azyklischen Operation wird ein Budget festgelegt, über welches die Guerilla Einheit frei verfügen kann. Nachdem diese Ressourcen einmal zugesichert wurden, dürfen sie nicht mehr gestrichen werden. Lean Startup kennzeichnet dies als wichtiges Element, um einem Team Planungssicherheit und künstlerische Freiheiten zu gewährleisten (Ries 2017, S. 219 f.).
- Befugnis, Prozesse und Geschäftsmodelle umzugestalten: Guerilla Innovationsmanagement zielt nicht allein auf Produkt-, sondern auch auf Prozess- oder Geschäftsmodellinnovationen ab. Dies kann nur erreicht werden, wenn eine Guerilla Einheit auch hierzu befugt ist. Gleichzeitig werden Innovationsprozesse durch den Wegfall von Genehmigungsprozessen beschleunigt (Ries 2017, S. 220).
- Rückendeckung von Geschäftsführung: Viele Methoden des Innovationsmanagements verweisen darauf, dass disruptive Innovationen häufig polarisieren und somit innerhalb der eigenen Organisation auf Widerstand stoßen. Aus diesem Grund ist es unabdingbar, dass sich die Geschäftsführung zur Entwicklung einer Innovation bekennt (Gassmann et al. 2021, S. 85).
- Etappenbasiertes Arbeiten: Wie der Scrum-Prozess aus dem Bereich der agilen Softwareentwicklung zeigt, weist eine etappenbasierte Arbeitsweise viele Vorteile auf. Durch eine zeitliche Unterteilung in sogenannten Sprints wird eine zielgerichtete Arbeitsweise gewährleistet (Simschek und Kaiser 2019). Ähnlich wie beim Design Thinking kann so sichergestellt werden, dass ein adäquates Zusammenspiel aus divergierendem und konvergierendem Denken besteht.

Prozess zur Durchführung azyklischer Operationen
Für die Durchführung azyklischer Operationen wird ein Prozess definiert, welcher in Abb. 4.3 dargestellt und nachfolgend beschrieben wird.

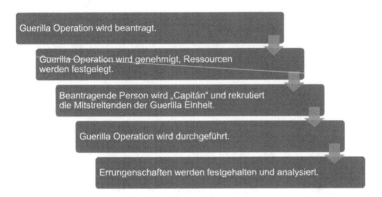

Guerilla Operation wird beantragt.

Guerilla Operation wird genehmigt, Ressourcen werden festgelegt.

Beantragende Person wird „Capitán" und rekrutiert die Mitstreitenden der Guerilla Einheit.

Guerilla Operation wird durchgeführt.

Errungenschaften werden festgehalten und analysiert.

Abb. 4.3 Prozess zur Durchführung azyklischer Operationen

- Beantragung (Schritt 1): Guerilla Einheiten sollen über ein großes Maß an Freiheiten verfügen. Dies erfordert den Zuspruch der Geschäftsführung. Folglich steht zu Beginn die Beantragung einer azyklischen Operation durch eine Person, die den Bedarf hierfür sieht, bei einer Genehmigungsinstanz.
- Genehmigung (Schritt 2): Konnte die beantragende Person die Genehmigungsinstanz überzeugen, so wird der Prozess fortgeführt. Hierbei werden die Ressourcen für die Operation definiert und freigegeben. Wird eine Operation nicht genehmigt, endet der Prozess. Der beantragenden Person steht es dann frei, die Idee umzuformulieren und erneut zu beantragen.
- Rekrutierung (Schritt 3): Die beantragende Person wird zum Leiter einer Guerilla Einheit ernannt, dem sogenannten Capitán. Der Capitán rekrutiert weitere Kollegen als Mitstreitende des Teams, der sogenannten Guerilla Einheit. Falls erforderlich, wird der Guerilla Einheit zusätzlich eine Person zugeteilt, welche im Umgang mit Guerilla Innovationsmanagement vertraut ist.
- Durchführung (Schritt 4): Nachdem die Guerilla Einheit gebildet wurde, beginnt sie mit der Durchführung der Operation. Hierbei gilt es, die Rahmenbedingungen für die Durchführung zu beachten.
- Analyse (Schritt 5): Erst nach Abschluss der Durchführung werden die Ergebnisse final festgehalten und ausgewertet. Auf diese Weise soll vermieden werden, dass durch eine fortlaufende Dokumentation die Durchführung ausgebremst wird.

4.6   Werkzeugkasten

Um die unterschiedlichen Ziele des Guerilla Innovationsmanagements verfol-
gen zu können, wird ein Werkzeugkasten entwickelt. Hierzu werden zunächst
Werkzeuge aus dem Guerilla Marketing abgeleitet und Werkzeuge aus dem Innovationsmanagement aufgelistet. Anschließend findet eine Kategorisierung dieser
Werkzeuge statt.

4.6.1   Ableitung von Werkzeugen aus dem Guerilla
             Marketing

Das Guerilla Marketing beschreibt eine Vielzahl an Methoden, um auf kreative
Weise unkonventionelles Marketing zu betreiben. Eine sehr konkrete und detaillierte Auflistung liefern Levinsons 200 Guerilla-Marketingwaffen, weshalb diese
genauer untersucht werden. Darüber hinaus werden noch weitere für das Guerilla
Marketing typische Werkzeuge untersucht.

Ableitungen aus Levinsons 200 Guerilla Marketingwaffen
Wie bereits beschrieben, hat Levinson eine Auflistung von 200 Guerilla-
Marketingwaffen erstellt. Aus diesen wurden die Methoden herausgefiltert, die
ebenfalls interessante Ansätze für Innovationsmanagement liefern. Anschließend
wurden die verbleibenden Methoden abhängig ihrer Charakteristik gruppiert (siehe
Abb. 4.4).
   Die verbleibenden Guerilla-Marketingwaffen wurden weiter gefiltert. Es wurden alle Methoden entfernt, aus welchen sich keine konkreten Aktionen ableiten
lassen. Ebenfalls wurden die Methoden entfernt, welche bereits aus dem Innovationsmanagement bekannt sind (bspw. Flipcharts). Zudem half die Gruppierung,
einige eng beieinander liegende Methoden zugunsten der Übersichtlichkeit zusam-
menzufassen. Es verbleiben nunmehr 13 Methoden, die als Werkzeuge des Guerilla
Innovationsmanagements deklariert werden.

- RSS-Feeds: RSS-Feeds zeigen in einer kurzen Form Änderungen auf einer Web-
  seite an. In Bezug auf Innovationen können sie in einer abgewandelten Variante
  eine interessante Form der innerbetrieblichen Kommunikation darstellen. Das
  Ziel besteht darin, Adressaten kurz über eine Innovation zu informieren. Auf
  diese Weise können Synergien gesteigert werden, was zu einer gesteigerten
  Innovationskraft führt.

Abb. 4.4 Filterung und
Gruppierung der 200
Guerilla Marketingwaffen

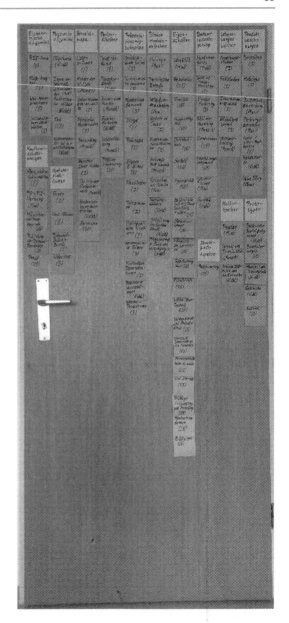

- Publishing-on-Demand-Produkte: Publishing-on-Demand-Produkte werden nur hergestellt, wenn sie bestellt werden. Im Bereich der Innovationen kann es eine effiziente Strategie darstellen, wenn Optionen beschrieben und Kunden angeboten werden. Erst in dem Moment, in dem sie tatsächlich bestellt werden, werden sie entwickelt. Auf diese Weise kann vermieden werden, dass Optionen hergestellt werden, welche keinen Absatz finden. An dieser Stelle muss jedoch auch Sorge dafür getragen werden, dass die Option nach Verkauf tatsächlich termingetreu hergestellt werden kann.

- Verzeichnisse aufbauen: Verzeichnisse können auf unterschiedlichste Arten und Weisen aufgebaut oder genutzt werden. Sie können dabei helfen, Partner für Innovationsprojekte zu finden.

- Joint Ventures: Unter einem Joint Venture versteht man den Zusammenschluss von Unternehmen zur Durchführung gemeinsamer Projekte. Partner können hier Kunden, Lieferanten, Marktbegleiter oder sonstige Unternehmen sein. Joint Ventures können helfen, den eigenen Einflussbereich zu erweitern und Ressourcen von Partnern zu nutzen.

- Tauschgeschäft: Bei einem Tauschgeschäft werden Produkte oder Dienstleistungen mit anderen Partnern getauscht. Wie Levinson beschreibt, kann dies auch auf sehr unkonventionelle Weise erfolgen. So beschreibt er ein Beispiel, in welchem ein Radiosender einen Werbespot in Gegenleistung zu einer handwerklichen Leistung geschaltet hat, welche einen deutlich geringeren Gegenwert hatte.

- Virale Effekte: Im Guerilla Marketing stellen virale Effekte ein sehr mächtiges Instrument dar. Indem Konsumenten Inhalte mit weiteren Konsumenten teilen, kann eine virusartige Verbreitung einer Information erzielt werden. Für Innovationen kann dies ebenfalls ein interessantes Element darstellen. Konzepte können von Kunden mit weiteren Kunden geteilt werden. Sofern hier sichergestellt wird, dass alle Kunden eine Möglichkeit dazu haben, Feedback zu geben, kann eine Unmenge an Eindrücke gesammelt werden.

- Lernen durch Recherche: Eine Form des lebenslangen Lernens besteht darin, vorhandene Materialien wie Bücher, Podcasts oder Videos zu nutzen. Auf diese Weise werden neue Eindrücke gewonnen, welche zu innovativen Ideen führen können.

- Lernen durch Austausch: Eine weitere Form des lebenslangen Lernens besteht darin, sich mit anderen auszutauschen. Der Austausch kann mit allen erdenklichen Entitäten erfolgen. Hierdurch können neue Ideen generiert werden.

- Möglichkeiten zum Upgrade: Indem ein Grundprodukt die Möglichkeit zum Upgrade besitzt, können auch im Nachgang neue Optionen angeboten und integriert werden. In vielen Fällen erkennen Kunden erst im Nachgang den Wert einer Option. Wenn sie diese unkompliziert nachrüsten können, steigert dies die Möglichkeit, dass die Option Abnehmer findet.

- Kontaktplattformen: Insbesondere durch das Internet ist eine Vielzahl an Kontaktplattformen entstanden. Diese bieten eine gute Möglichkeit, mit internen und externen Partnern in Kontakt zu treten und somit wertvolle Eindrücke zu gewinnen.
- Gefühl von Dringlichkeit: Ein Gefühl von Dringlichkeit zu erzeugen stellt eines der wichtigsten Elemente des Change Managements dar. Auf diese Weise kann der Zuspruch für eine Innovation gesteigert werden.
- Preisausschreiben und Wettbewerbe: Preisausschreiben und Wettbewerbe können Anreize für interne und externe Partner setzen, sich kreativ einzubringen.
- Geschenke: Geschenke stellen eine gute Möglichkeit dar, Eindrücke von Kunden zu gewinnen. Indem ein Produkt oder eine Dienstleistung einem Kunden ohne finanzielle Gegenleistung mitgegeben wird, entstehen auch keine Verpflichtungen. Bei dem Geschenk kann es sich um einen Prototyp mit vielen Mängeln handeln. Gleichzeitig können Kunden darum gebeten werden, zu einem Geschenk Rückmeldung zu geben, wodurch wertvolle Eindrücke für die weitere Produktentwicklung gewonnen werden können.

Weitere Ableitungen aus konkreten Erscheinungsformen
Bei Betrachtung der 200 Guerilla-Marketingwaffen ist festzustellen, dass es sich überwiegend um konventionelle Methoden handelt. Die Kreativität, mit welcher diese eingesetzt werden, kann so kaum beschrieben werden.

Eine Möglichkeit, um aus der Kreativität des Guerilla Marketings Ansätze zur innovativen Ideenfindung zu entwickeln, könnte die Musteradaption des St. Gallen Business Model Navigators bilden. Indem Ungewohntes betrachtet wird, können Informationen im Gehirn neu geordnet werden, wodurch neue Ideen entstehen (Gassmann et al. 2021, S. 49). Eine Vorgehensweise könnte darin bestehen, dass konkrete Erscheinungsformen von Guerilla Marketing Aktionen gesammelt werden. Indem diese anschließend betrachtet werden, können Werkzeuge für das Guerilla Innovationsmanagement abgeleitet werden.

4.6.2 Werkzeuge des Innovationsmanagements

Zu Beginn dieser Ausarbeitung wurde eine Analyse aktueller Methoden des Innovationsmanagements durchgeführt. Diese schloss eine Betrachtung konkreter Werkzeuge ein. Da diese Werkzeuge bereits dazu verwendet werden,

Innovationen voranzutreiben, können diese direkt als Werkzeuge des Guerilla Innovationsmanagements übernommen werden.

4.6.3 Kategorisierung der Werkzeuge

Der Werkzeugkasten des Guerilla Innovationsmanagements setzt sich aus den Werkzeugen zusammen, welche aus dem Innovationsmanagement übernommen und aus dem Guerilla Marketing abgeleitet wurden. Da das Guerilla Innovationsmanagement mehrere Ziele verfolgt, wird zudem eine Kategorisierung vorgenommen. Diese soll dabei helfen, abhängig vom Anwendungsfall das richtige Werkzeug zu wählen. Wie aus der Definition des Guerilla Innovationsmanagements hervorgeht, sind zwei zentrale Kriterien Schnelligkeit und Disruption. Daher werden diese beiden Eigenschaften als Achsen einer Matrix verwendet, welche über die vier Quadranten Up Gearers, Transformers, Lifesavers und Disruptive Bazookas verfügt (siehe Abb. 4.5).

Up Gearers
Netflix wurde bereits als ein Unternehmen erwähnt, welches mittels der Blue Ocean Strategy seine Branche revolutionierte. Hierbei steht meist die disruptive Innovation im Vordergrund, die innerhalb kurzer Zeit zu einer Neuordnung führte. In den Hintergrund hingegen rückt die Tatsache, dass diese Innovation erst durch sorgfältige Marktanalysen ermöglicht wurde.

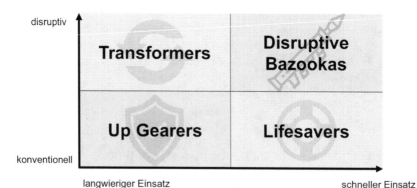

Abb. 4.5 Kategorisierung der Werkzeuge des Guerilla Innovationsmanagements

Dieses Beispiel zeigt, wie Werkzeuge dabei helfen können, bestehende Gegebenheiten zu analysieren. Durch diese Informationen ist später der Einsatz von Werkzeugen möglich, die disruptiver und schneller sind. Diese Werkzeuge werden als Up Gearers bezeichnet. Hierunter fallen auch Werkzeuge, welche nützlich sind, um Innovationsmanagement zu strukturieren oder das eigene Wissen zu erweitern.

Transformers
Nachdem Netflix den Markt und seine Position in diesem analysiert hat, konnte das Unternehmen mithilfe unterschiedlicher Werkzeuge ein neues Geschäftsmodell entwickeln und implementieren.

Transformers sind Werkzeuge, welche Disruptionen auslösen können. Sie erfordern eine sorgfältige Ausführung und setzen oftmals den vorausgehenden Einsatz von Up Gearern voraus.

Lifesavers
Lifesavers sind konventionelle, jedoch schnell durchführbare Methoden. Sie können zu unterschiedlichen Zwecken verwendet werden. So können bspw. Split-Run-Tests oder Prototypen dabei helfen, Informationen zu erlangen oder durch die Selektion bestehender Ideen ein zügiges Voranschreiten gewährleistet werden.

Disruptive Bazookas
In der ursprünglichen Form konnten sich Benutzer der App Burbn an verschiedenen Orten einloggen und Gaming-Funktionalitäten nutzen. Der große Durchbruch blieb aus, bis erkannt wurde, dass User die App vor allem aufgrund der Fotoshare-Funktion nutzten und der Fokus auf diese gelegt wurde. Heute ist die App als Instagram bekannt (Eckermann 2017).

Bei Disruptive Bazookas handelt es sich um drastische Maßnahmen, die schnell durchgeführt werden können. Ein wichtiges Element bilden hier die unterschiedlichen Kurskorrekturen, die von Ries in der Lean Startup Methode beschrieben werden.

Zuordnung der Werkzeuge
Die untersuchten Werkzeuge in Tab. 4.1 werden den beschriebenen Kategorien zugeordnet.

Tab. 4.1 Werkzeuge des Guerilla Innovationsmanagements

Kategorie	Werkzeuge
Up Gearers	Problemanalyse, Sechs W-Fragen, Divergierendes Denken, Iteration, Kreative Raumgestaltung, Cross-funktionale Teams, Strategy Canvas, Four Actions Framework, Magisches Dreieck, Business Model Canvas, Verifikation der Nutzenhypothese, Verifikation der Wachstumshypothese, Innovationsbilanz, Kanban für Arbeitsaufgaben, Kohortenanalyse, RSS-Feeds, Verzeichnisse aufbauen, Virale Effekte, Lernen durch Recherche, Lernen durch Austausch, Kontaktplattformen, Preisausschreiben und Wettbewerbe, Geschenke
Transformers	Eliminate-Reduce-Raise-Create Grid, Pioneer-Migrator-Settler Map, Sechs Ansätze zur Umgestaltung von Marktgrenzen, Business Model Navigator, Joint Ventures
Lifesavers	Konvergierendes Denken, Priorisierung, Prototyp entwickeln, Basteln, Split-Run-Tests, Publishing-on-Demand-Produkte, Tauschgeschäft, Möglichkeiten zum Upgrade
Disruptive Bazookas	Gefühl von Dringlichkeit, Musteradaption mit 55+ Geschäftsmodellen, Minimal funktionsfähiges Produkt, Kurskorrektur

4.7   Gegenüberstellung

Nachdem Guerilla Innovationsmanagement konzeptioniert wurde, erfolgt abschließend eine Gegenüberstellung mit den untersuchten Methoden des Innovationsmanagements. Zur Analyse werden in Tab. 4.2 unterschiedliche Kriterien definiert und untersucht, welche Methoden diese erfüllen.

In einzelnen Fällen ist eine Entscheidung, ob ein Kriterium für eine Methode zutrifft, nicht trivial. Aus diesem Grund werden einige Erläuterung aufgeführt:

- Bei Business Model Innovation trifft das Kriterium „Werkzeuge (Kategorisierung)" nicht zu. Der St. Gallen Business Model Navigator führt zwar eine Kategorisierung der 55+ Geschäftsmodellinnovationen durch, jedoch nicht von konkreten Werkzeugen.
- Die Blue Ocean Strategy beschreibt Denkansätze und eine einzigartige Herangehensweise. Es wird jedoch nicht vermehrt auf das Mindset der

Tab. 4.2 Gegenüberstellung Innovationsmanagement Methoden

Kriterium	Methode
Werkzeuge (Beschreibung)	Design Thinking, Blue Ocean Strategy, Business Model Innovation, Lean Startup, Guerilla Innovationsmanagement
Werkzeuge (Kategorisierung)	Guerilla Innovationsmanagement
Prozess	Design Thinking, Blue Ocean Strategy, Business Model Innovation, Lean Startup, Guerilla Innovationsmanagement
Beschreibung eines Mindsets	Design Thinking, Business Model Innovation, Lean Startup
Kundenbedarfsanalyse	Design Thinking, Blue Ocean Strategy, Business Model Innovation, Lean Startup, Guerilla Innovationsmanagement
Unterstützende Einsatzweise	Blue Ocean Strategy, Business Model Innovation, Guerilla Innovationsmanagement
Bezug zu Guerilla Marketing	Guerilla Innovationsmanagement

Anwendenden eingegangen wie bspw. beim Design Thinking oder Lean Startup.

Von den untersuchten Methoden stellt keine eine Verbindung zum Guerilla Marketing her. Auffällig ist ebenfalls, dass viele Methoden holistische Konzepte darstellen und nicht unterstützend eingesetzt werden. Ebenso wird in keinem der Konzepte eine Kategorisierung von Werkzeugen vorgenommen. Ein Aspekt, der für Guerilla Innovationsmanagement noch interessant sein könnte, wäre die Beschreibung des Mindsets der Anwendenden.

Fazit

In diesem Kapitel wurde ein Ansatz beschrieben, wie mittels Methoden des Innovationsmanagements und des Guerilla Marketings eine neue Methode entwickelt werden kann, um Innovationen voranzutreiben. Neben einer Beschreibung des Guerilla Innovationsmanagements und seiner Ziele wurde zudem ausgeführt, wie sich eine konkrete Durchführung (Operationen) gestalten könnte. Ebenfalls wurde beschrieben, dass es sich hierbei um eine unterstützende und keine substitutive Methode handelt. Im Anschluss wurden konkrete Werkzeuge des Innovationsmanagements zusammengetragen, weitere aus dem

Guerilla Marketing abgeleitet und anschließend kategorisiert. Zum Abschluss erfolgte eine Gegenüberstellung von Guerilla Innovationsmanagement mit den untersuchten Methoden des Innovationsmanagements und Ansätzen des Benchmarkings.

Wie aus dieser Ausarbeitung hervorgeht, kann das Guerilla Marketing interessante Aspekte liefern, um das Innovationsmanagement zu bereichern. So bietet es nicht nur Ansätze, um Kundenbedürfnisse zu analysieren oder Ideen zu finden. Seine Einsatzform bietet auch einen interessanten Ansatz, um das Guerilla Innovationsmanagement mit bestehenden Prozessen zu synchronisieren. Auffällig war, dass einige Ansätze, welche mit eingeflossen sind, direkt aus der Guerilla Kriegsführung stammen. Folglich könnte eine genauere Betrachtung dieser ebenfalls Guerilla Innovationsmanagement ergänzen.

Insbesondere bei der Betrachtung der 200 Guerilla-Marketingwaffen wurde deutlich, dass sich Kreativität nicht allein um den Einsatz bestimmter Methoden dreht. Kreativität entspricht viel mehr einer Grundhaltung und einem individuellen Ideenreichtum. So könnte eine Musteradaption mit konkreten Erscheinungsformen des Guerilla Marketings interessante Aspekte liefern. Zudem wäre die Formulierung eines Mindsets für Anwendende von Guerilla Innovationsmanagement sinnvoll. Dieses könnte dazu beitragen, dass Anwendende der Methode öfters unkonventionelle Denkansätze in Betracht ziehen. Auf diese Weise würde Guerilla Innovationsmanagement auch außerhalb von Operationen Verwendung finden und Innovationen fördern.

Ebenfalls ein interessanter Aspekt ist, dass keine der bislang aufgeführten Methoden Werkzeuge des Innovationsmanagements sammelt und kategorisiert. Indem die Sammlung an Werkzeugen weiter vorangetrieben und systematisiert wird, könnte Guerilla Innovationsmanagement ein weiteres Alleinstellungsmerkmal entwickeln.

Zusammenfassend lässt sich sagen, dass das Konzept von Guerilla Innovationsmanagement interessante Ansätze bietet, um schnell, agil und unkonventionell Innovationen vorantreiben zu können. Die Methode ist allerdings noch nicht ausgereift genug, um direkt eingesetzt werden zu können. Viele der einzelnen Teilaspekte müssen noch genauer betrachtet oder empirisch untersucht werden.

Kritische Würdigungen 5

Im Rahmen dieser wissenschaftlichen Arbeit wurden Recherchen und Analysen betrieben sowie Konzepte entwickelt. Zum Abschluss gilt es, die Methoden und Ergebnisse kritisch zu reflektieren.

5.1 Limitierungen der Literaturrecherche

Zu Beginn wurde eine Recherche über Innovationsmanagement und Guerilla Marketing betrieben. Hier gibt es noch eine Vielzahl an weiteren Quellen, die eine Bereicherung darstellen könnten. So gibt es auf dem Gebiet des Innovationsmanagements noch eine Vielzahl an Büchern, Artikeln, Podcasts und Webseiten, welche ausgewertet werden könnten.

Das Guerilla Marketing weist ebenfalls Aspekte auf, welche noch weiter vertieft werden könnten. In dieser Arbeit wurde der Fokus auf kommunikationspolitische Elemente gelegt. Guerilla Marketing findet jedoch auch in der Preis-, Produkt- und Distributionspolitik Anwendung.

5.2 Limitierungen des Konzepts für Guerilla Innovationsmanagement

Für Guerilla Innovationsmanagement wurde ein Konzept entwickelt. Dies erfolgte auf Basis mehrerer Analysen des Innovationsmanagements und des Guerilla Marketings. Nichtsdestotrotz wurden noch keine empirischen Untersuchungen durchgeführt. Diese sind notwendig, um die aufgestellten Hypothesen und die

Wirksamkeit des Konzepts zu untersuchen. Ebenso ist eine genauere Formulierung der azyklischen Operationen notwendig. Auch erfolgte die Kategorisierung der Werkzeuge hinsichtlich der Aspekte, wie unkonventionell und schnell sie sind, bislang nur subjektiv.

Ausblick 6

Zu Beginn dieser wissenschaftlichen Arbeit bestand das Ziel darin, ein Konzept für Guerilla Innovationsmanagement zu entwickeln. Bestimmte Teilaspekte sollten noch weiter vertieft oder empirisch untersucht werden.

- Im Bereich des Innovationsmanagements gibt es noch reichlich Material, welches eine sinnvolle Ergänzung darstellen könnte. So beschreibt der St. Gallen Business Model Navigator eine Vielzahl an Testmöglichkeiten (Gassmann et al. 2021, S. 73 ff.). Ebenso stellt Open Innovation einen interessanten Ansatz dar, der ermöglicht, Ressourcen von Kunden zu nutzen (Faber 2008). Auch sind Elemente des Scrum-Prozesses (Simschek und Kaiser 2019) für die weitere Detaillierung azyklischer Operationen interessant.
- Weitere Recherchen im Bereich des Guerilla Marketings können ebenfalls interessante Einblicke gewähren. So wurden bislang nur kommunikationspolitische Elemente untersucht. Zudem kann eine Betrachtung konkreter Erscheinungsformen des Guerilla Marketings dabei helfen, weitere Werkzeuge zu erforschen.
- Die Ursprünge des Guerilla Marketings liegen zu einem wesentlichen Teil in der Militärwissenschaft. Während der Bearbeitung dieser Arbeit hat sich fortwährend gezeigt, dass die Betrachtung von Guerilla Kriegsführung oftmals interessante Elemente aufzeigt, welche direkt in das Konzept mit eingeflossen sind. Eine genauere Betrachtung der Militärwissenschaften oder geschichtlicher Beispiele könnte eine sinnvolle Ergänzung darstellen.
- Einige Elemente des Guerilla Innovationsmanagements wurden noch nicht detailliert ausgeführt. So wurden keine zeitlichen Intervalle für zyklische Operationen festgelegt. Zudem ist eine genauere Beschreibung azyklischer Operationen notwendig. Es muss betrachtet werden, wie in der Praxis eine

© Der/die Autor(en), exklusiv lizenziert an Springer Fachmedien Wiesbaden GmbH, ein Teil von Springer Nature 2023
J. Bath et al., *Guerilla Innovationsmanagement*, essentials,
https://doi.org/10.1007/978-3-658-41734-5_6

Beantragungsinstanz aussehen könnte und mit welchen Herausforderungen die Rekrutierung von Mitstreitenden einer Guerilla Einheit verbunden ist.

- Bislang wurden für Guerilla Innovationsmanagement noch keine empirischen Untersuchungen durchgeführt. Diese wären notwendig, um die Wirksamkeit einzelner Werkzeuge zu untersuchen. Dabei könnte auch eine Metrik geschaffen werden, um eine objektive Kategorisierung der Werkzeuge in Abhängigkeit davon, wie schnell und disruptiv sie sind, vorzunehmen.

Schluss 7

Im Rahmen dieser wissenschaftlichen Arbeit wurde eine Recherche zu den aktuellen Methoden des Innovationsmanagements und des Guerilla Marketings betrieben. Aufbauend auf diesen Erkenntnissen wurde ein neues Konzept für das Innovationsmanagement entwickelt, das sich Guerilla Innovationsmanagement nennt. Abschließend wurden die Ergebnisse der Arbeit kritisch reflektiert und beschrieben, wie das Guerilla Innovationsmanagement weiterentwickelt werden kann.

Mit Guerilla Innovationsmanagement wird eine Methode beschrieben, die schnell und agil disruptive Innovationen hervorbringen kann. Durch ihren unterstützenden Einsatz kann sie in Unternehmen bestehende Innovationsprozesse sinnvoll ergänzen. Wie bei anderen Methoden des Innovationsmanagements, gibt es eine Voraussetzung, die jedes Unternehmen erfüllen muss: Vertrauen an seine Mitarbeitenden. Nur wenn dies zutrifft, können Mitarbeitende aus sich heraustreten und mit vollem Elan ihre individuellen Talente einbringen. Die Aussage „Alle Mitarbeitenden sind ersetzlich" ist längst nicht mehr zeitgemäß. Um auch in Zukunft erfolgreich sein zu können, müssen Unternehmen ihre Mitarbeitenden nicht als Funktionen betrachten, sondern als das, was sie sind: als Menschen.

© Der/die Autor(en), exklusiv lizenziert an Springer Fachmedien Wiesbaden GmbH, ein Teil von Springer Nature 2023
J. Bath et al., *Guerilla Innovationsmanagement*, essentials,
https://doi.org/10.1007/978-3-658-41734-5_7

Was Sie aus diesem *essential* mitnehmen können

- Moderne Methoden des Innovationsmanagements kennzeichnen sich durch Kundennähe, Flexibilität und Effizienz.
- Guerilla Marketing bietet viele interessante Aspekte, um Innovationsmanagement zu bereichern.
- Durch eine unterstützende Einsatzweise kann Guerilla Innovationsmanagement bestehende Innovationsprozesse sinnvoll ergänzen.
- Guerilla Innovationsmanagement verwendet Werkzeuge aus dem Innovationsmanagement und dem Guerilla Marketing, welche abhängig davon, wie schnell und disruptiv sie sind, klassifiziert werden.
- Guerilla Innovationsmanagement kann durch weitere Recherchen und empirische Untersuchungen weiterentwickelt werden.

© Der/die Herausgeber bzw. der/die Autor(en), exklusiv lizenziert an Springer Fachmedien Wiesbaden GmbH, ein Teil von Springer Nature 2023
J. Bath et al., *Guerilla Innovationsmanagement*, essentials,
https://doi.org/10.1007/978-3-658-41734-5

Literatur

BMI Lab. (kein Datum). Understand the key drivers of business model success. Business Model Navigator. https://businessmodelnavigator.com/. Zugegriffen: 26. Dezember 2021.

Carton, G. (2020). How Assemblages Change When Theories Become Permormative: The case of the Blue Ocean Strategy. *Organization Studies 41(10)*, 1417–1439.

Christensen, C. M., Raynor, M., & McDonald, R. (2020). Was ist disruptive Innovation? *Harvard Business Manager*, 40–51.

Colvin, G. (2016). Lighting Up GE. *Fortune.com*, 116–119.

Department of the Army. (2009). *U.S. Army Guerilla Warfare Handbook*. New York: Skyhorse Publishing, Inc.

Disselkamp, M. (2013). Nichts geht langfristig ohne Innovationen! Haufe. Akademie. https://www.haufe-akademie.de/downloadserver/FB/Nichts_geht_langfristig_ohne_Innovationen.pdf. Zugegriffen: 04. Januar 2022.

Eckermann, M. (2017). Wer oder was ist Pivoting? ccw2022. https://www.ccw.eu/blog/pivoting/. Zugegriffen: 08. Januar 2022.

Faber, M. J. (2008). *Open Innovation: Ansätze, Strategien und Geschäftsmodelle*. Wiesbaden: Gabler GWV Fachverlage GmbH.

Gassmann, O., Frankenberger, K., & Choudury, M. (2021). *Geschäftsmodelle entwickeln: 55+ innovative Konzepte mit dem St. Gallen Business Model Navigator*. München: Carl Hanser Verlag GmbH & Co. KG.

John Rambo. (USA 2008). Regie: Stallone, S.

Johnson, G., Whittington, R., Scholes, K., Angwin, D., & Regnér, P. (2017). *Exploring Strategy*. Edinburgh: Pearson Education Limited.

Kanbach, P. (2007). *Ein Einblick in Guerilla Marketing*. Saarbrücken: VDM Verlag Dr. Müller.

Kim, W. C., & Mauborgne, R. (2005). *Blue Ocean Strategy: How to Create Uncontested Market Space and Make the Competition Irrelevant*. Boston: Harvard Business School Publishing Corporation.

Levinson, J. C. (2011). *Guerilla Marketing des 21. Jahrhunderts: Clever werben mit jedem Budget*. Frankfurt am Main: Campus Verlag GmbH.

Levinson, J. C. (2016). *Guerilla Marketing Bibel*. Zürich: Midas Management Verlag AG.

Lewrick, M., Link, P., & Leifer, L. (2018). *The Design Thinking Playbook: Mindful Digital Transformation of Teams, Products, Services, Businesses and Ecosystems*. New Jersey: John Wiley & Son, Inc.

Mayka, K. (2020). Blue Ocean Strategy: Grow Your Business Without Having to Compete. eleken. https://www.eleken.co/blog-posts/blue-ocean-strategy-grow-your-business-without-having-to-compete. Zugegriffen: 22. September 2021.

Nicolai, C., & Rhinow, H. (2019). Design Thinking [Audio-Podcast]. Der HPI-Wissenspodcast. https://podcast.hpi.de/?name=2019-03-05_neuland_ep05.mp3. Zugegriffen: 18. Dezember 2021.

Nufer, G. (2013). Guerrilla Marketing – Innovative or Parasitic Marketing? *Modern Economy(4)*, 1–6.

Osterwalder, A., & Pigneur, Y. (2011). *Business Model Generation: Ein Handbuch für Visionäre, Spielveränderer und Herausforderer*. Frankfurt am Main: Campus Verlag GmbH.

Patalas, T. (2006). *Guerilla Marketing – Ideen schlagen Budget: Auf vertrautem Terrain Wettbewerbsvorteile sichern*. Berlin: Cornelson Verlag Scriptor GmbH & Co. KG.

Plattner, H., Meinel, C., & Leifer, L. (2011). *Design Thinking: Understand – Improve – Apply*. Heidelberg: Springer-Verlag.

Prokopets, E. (2021). How Dollar Shave Club Turned a Viral Video Into 10 Years of Marketing Success. Latana: https://latana.com/post/dollar-shave-club-marketing/. Zugegriffen: 09. Oktober 2021.

Ries, E. (2017). *Lean Startup: Schnell, risikolos und erfolgreich Unternehmen gründen*. München: Redline Verlag.

Schlautmann, C. (2012). Kodak droht der Untergang. Handelsblatt. https://www.handelsblatt.com/unternehmen/industrie/fotoindustrie-konkurrent-cewe-color-erkannte-frueher-die-digitale-wende/6021928-3.html. Zugegriffen: 04. Januar 2022.

Schulte, T. (2007). *Guerilla Marketing für Unternehmertypen*. Sternenfels: Verlag Wissenschaft & Praxis.

Simschek, R., & Kaiser, F. (2019). *Scrum: das Erfolgsphänomen einfach erklärt*. München: UVK Verlagsgesellschaft mbH Verlag.

Theobald, T. (2021). Das sind die stärksten Streamingdienste in Deutschland. Horizont. https://www.horizont.net/medien/nachrichten/us-player-top-deutsche-anbieter-flop-das-sind-die-staerksten-streamingdienste-in-deutschland-193045?crefresh=1. Zugegriffen: 22. September 2021.

Toedter, C. (2006). *Guerilla Marketing*. Köln: Rheinische Fachhochschule Köln.

Printed in the United States
by Baker & Taylor Publisher Services